Des ballons

Directrice de collection : Denise Gaouette

Deborah Kekewich

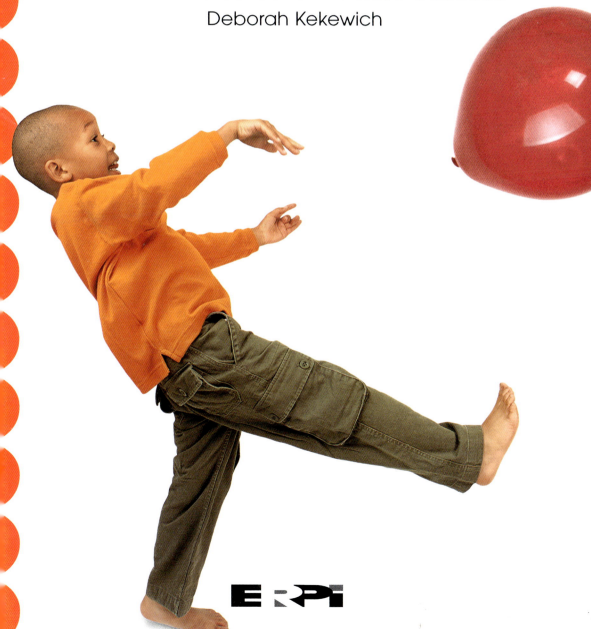

ERPI

Table des matières

Les ballons

Les ballons sont amusants et utiles.
Les personnes utilisent les ballons
pour jouer ou pour voyager.
Les ballons aident les scientifiques
pour les prévisions de la météo
et pour l'étude de l'espace.

une montgolfière ▲

▼ un ballon-sonde météorologique

L'intérieur d'un ballon

La plupart des ballons sont remplis de **gaz**.
L'air qui t'entoure est composé de plusieurs gaz.
L'air que tu souffles dans un ballon
est aussi composé de plusieurs gaz.

Le gaz se répand pour remplir l'espace.
Quand tu souffles dans un ballon,
l'air remplit l'espace à l'intérieur du ballon.
Quand tu souffles plus d'air,
le ballon se gonfle, c'est-à-dire qu'il se remplit.

Des ballons à l'hélium

Certains ballons sont gonflés à l'**hélium**.
L'hélium est un gaz plus léger que l'air.
C'est pourquoi les ballons gonflés à l'hélium
peuvent flotter haut dans le ciel.

Dans les parades, des ballons géants
sont gonflés à l'hélium.

Des ballons pour les voyages

On peut voyager dans certains ballons.
Les personnes voyagent dans une **nacelle**
attachée à la montgolfière.
Ces ballons sont remplis d'air chaud.
L'air chaud est plus léger que l'air froid.
L'air chaud monte et soulève le ballon.

Toujours plus haut

La première montgolfière
a été fabriquée en France,
il y a plus de 200 ans.
Joseph et Étienne Montgolfier,
chauffaient l'air avec une flamme
sous la montgolfière.

Une montgolfière se déplace de côté
selon la direction du vent.

Comment une montgolfière peut monter et descendre

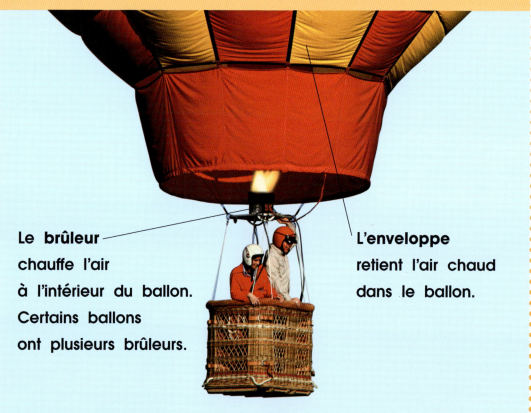

Le brûleur
chauffe l'air
à l'intérieur du ballon.
Certains ballons
ont plusieurs brûleurs.

L'enveloppe
retient l'air chaud
dans le ballon.

Pour monter,
le pilote augmente
l'ouverture du brûleur.
L'air à l'intérieur
de la montgolfière
devient plus chaud.
Le ballon monte.

Pour descendre,
le pilote diminue
l'ouverture du brûleur.
L'air à l'intérieur
de la montgolfière
devient plus froid.
Le ballon descend.

En 2002, un Américain a fait le tour du monde dans une montgolfière.

Son voyage a duré 14 jours.

Il a été la première personne à faire ce voyage seul et sans escale.

Les réservoirs attachés à la montgolfière contenaient les gaz nécessaires pour alimenter les brûleurs.

Des ballons pour la science

Les scientifiques utilisent des ballons
pour les prévisions de la météo.
Dans le monde, environ 900 stations météorologiques
lancent des ballons-sondes.
La plupart des ballons-sondes météorologiques
sont remplis d'hélium. Ils transportent des instruments
qui recueillent des données sur le climat.

Un scientifique lance
un ballon-sonde météorologique.

13

Les ballons utilisés pour la science
peuvent aller plus haut
que la plupart des avions.
Plusieurs ballons transportent
des télescopes et d'autres instruments.
Ces instruments recueillent
des données sur la Terre et l'espace.

Ce ballon est utilisé pour la science. Il est prêt à être lancé.

Glossaire

brûleur	la partie d'une montgolfière qui chauffe les gaz
enveloppe	la partie d'une montgolfière qui retient les gaz
gaz	une matière ni solide ni liquide qui se répand et remplit l'espace
hélium	un gaz plus léger que l'air
nacelle	la partie d'une montgolfière qui transporte les personnes